Princípios de Profissionalismo no Trabalho
Conhecimento Prático para a Função de Gerenciamento

MIKE DOS SANTOS

Copyright © 2021 Mike Dos Santos

Todos os direitos reservados.

ISBN: 979-8-508-68812-7

DEDICATÓRIA

Insira o texto da dedicatória aqui. Insira o texto da dedicatória aqui. Insira o texto da dedicatória aqui. Insira o texto da dedicatória aqui. Insira o texto da dedicatória aqui. Insira o texto da dedicatória aqui. Insira o texto da dedicatória aqui. Insira o texto da dedicatória aqui. Insira o texto da dedicatória aqui. Insira o texto da dedicatória aqui.

CONTEÚDO

	Agradecimentos	i
1	Introdução	1
2	Profissionalismo no dia a dia	2
3	O profissionalismo – uma aproximação normativa	5
4	Profissionalismo profissional	9
5	Profissionalismo Organizacional	12
6	Liderança como profissão e garantia de Profissionalismo - Uma comparação com outros campos profissionais	15
7	Princípios e Recomendações para ação de profissionalismo em cargos de gestão	22
8	Conclusão	27
	O que você pode tirar deste *Essential*	29
	Referências	31

AGRADECIMENTOS

Insira o texto dos agradecimentos aqui. Insira o texto dos agradecimentos aqui. Insira o texto dos agradecimentos aqui. Insira o texto dos agradecimentos aqui. Insira o texto dos agradecimentos aqui. Insira o texto dos agradecimentos aqui. Insira o texto dos agradecimentos aqui. Insira o texto dos agradecimentos aqui. Insira o texto dos agradecimentos aqui. Insira o texto dos agradecimentos aqui.

1 INTRODUÇÃO

Se você observar a multiplicidade e a transitoriedade dos métodos de gestão nas últimas décadas, rapidamente se torna aparente que - além dos conceitos de gestão estabelecidos - há pouca consistência. Isso levanta a questão de saber se as abordagens dessas idas e vindas da moda gerencial se perdem em considerações muito detalhadas, em vez de se concentrarem nas competências essenciais de um gerente. Essas competências essenciais também devem incluir os princípios da prática profissional. Mas o que significa "profissionalismo" e como isso pode ser relevante para um gerente intermediário? Se você atribui "comportamento profissional" a uma pessoa ou a uma empresa por causa de sua comunicação corporativa com "aparência profissional" fica claro até que ponto o termo "profissionalismo" é usado no dia a dia. Portanto, este livro ilumina as diferentes perspectivas sobre profissionalismo, investiga a origem e o efeito do termo na literatura inglesa e alemã, bem como na sociedade e, a partir disso, formula os princípios orientadores do profissionalismo na profissão da maneira mais geral possível.

© Editora Publique Já 2021
Mike dos Santos, Princípios de Profissionalismo no Trabalho, Trabalho no século 21,
ISBN 979-8-508-68812-7

2 PROFISSIONALISMO NO DIA A DIA

Na linguagem cotidiana, o profissionalismo é onipresente e usado em diferentes contextos, de modo que nenhum significado preciso pode ser derivado. Na vida profissional cotidiana, por exemplo, ouve-se regularmente que o profissionalismo exigido da outra pessoa, que também está associado à competência qualitativa e às características pessoais, é percebido como um padrão de comportamento fundamental. Não é nada fácil explicar como esta ou aquela exibida, ou às vezes até a falta de aparência profissional, pode ser registrada nos critérios.[1] A compreensão do comportamento profissional desempenha um papel importante no processo de desenvolvimento ideal do pessoal de ação. Particularmente no início da vida profissional, quando uma base de experiência abrangente ainda não foi construída, princípios e diretrizes internalizadas podem ser indicadores úteis na vida profissional cotidiana. O comportamento básico percebido como profissional também pode servir de base para a confiança no ambiente profissional, que é um pré-requisito para uma cooperação de longo prazo. O profissionalismo muitas vezes não é explicitamente tangível, mas desempenha um papel iminente como norma para o comportamento ideal na vida profissional cotidiana e para as ações de um gerente.

Portanto, pode-se dizer desde o início que nenhuma definição clara é

---

[1] Berner (2004, p. 1).

© Editora Publique Já 2021
Mike dos Santos, Princípios de Profissionalismo no Trabalho, Trabalho no século 21,
ISBN 979-8-508-68812-7

possível, seja em geral ou no contexto da liderança. Fox afirmou isso em 1992: "Profissionalismo significa coisas diferentes para pessoas diferentes. [...] é improvável que o termo profissional(ismo) seja usado apenas de uma forma concreta".[2]

A certificação de uma aparência "muito profissional" é geralmente considerada como um elogio apreciativo. Muitas vezes significa mais do que apenas conhecimento profissional. As expectativas de profissionalismo vão além disso.[3] Assim, o conceito de profissionalismo inclui aspectos de competência técnica e pessoal, que podem ser aprendidos independentemente um do outro e de maneiras diferentes. Schmid, portanto, vê o termo profissionalismo como uma "substituição de um conjunto de conteúdos e métodos em favor de figuras básicas, valores, comportamento de aprendizagem e estilos de encenação".[4] Assim, o "profissionalismo" é cada vez mais definido pelo "como" em vez do "o quê", ou seja, por uma "cultura da profissão".[5]

A distinção entre "fazer um bom trabalho" e agir profissionalmente no trabalho pode ajudar na delimitação dos termos. Em contraste com o comportamento que foi certificado como bom, que inevitavelmente deve incluir o resultado de uma ação, o comportamento profissional descreve apenas a maneira e não o sucesso do comportamento. Portanto, pode-se deduzir que o profissionalismo não leva necessariamente ao sucesso (por mais que seja medido), mas em muitos casos é uma condição necessária para isso.[6]

Portanto, ainda surge a questão de como esse "como" de ação pode ser descrito. Na enciclopédia alemã Brockhaus não existe uma definição de profissionalismo, razão pela qual é citado o seguinte texto do léxico online "Onpulson": Profissionalismo é a soma de características que podem ser derivadas de uma profissão. Uma profissão, sendo particularmente importante, parece ser como e em que medida essas propriedades se fazem sentir. Esse comportamento sistemático só é rotulado como profissional se for percebido como um padrão formal ou informal dentro do grupo coletivo de colegas.[7] No entanto, essa definição

---

[2] Fox (1992, p. 2).
[3] Berner (2004, p. 1).
[4] Schmid (2008).
[5] Schmid (2008).
[6] Kalkowski (2010, p. 3 e segs.).

© Editora Publique Já 2021
Mike dos Santos, Princípios de Profissionalismo no Trabalho, Trabalho no século 21,
ISBN 979-8-508-68812-7

puramente interna também pode levar a conflitos com potenciais clientes, já que eles têm expectativas de uma profissão completamente diferentes das que veem por si mesmos, seja do passado ou de dentro de si mesmos.

"Profissionalismo quando se trata de profissionalismo, o de parentes, se torna uma Habilidade esperada, competência ou norma comportamental denota a profissão".[8]

Com base nisso, surge a questão de até que ponto o profissionalismo também é relevante para a área de liderança. Os executivos e, portanto, os chefes de departamento têm que lidar com as normas de "profissionalismo" devido à sua função modelo, cuja não observância pode levar a problemas de longo alcance. O escândalo em torno dos ex-diretores da Enron, Kenneth Lay e Jeffrey Skilling, mostra como o comportamento não profissional (e também ilegal) pode ter efeitos negativos, tanto na organização quanto nos indivíduos envolvidos. Por meio de práticas comerciais duvidosas em relatar o desenvolvimento da empresa, a equipe de gerenciamento da Enron conseguiu manobrar uma das maiores corporações dos Estados Unidos à beira da existência.[9] Para acabar com essas práticas no futuro, o governo dos Estados Unidos aprovou a Lei Sarbanes-Oxley, que foi apresentada como uma espécie de diretriz legal para a gestão empresarial profissional. Como diretriz de princípios profissionais na área de "gestão", no entanto, mostra-se inadequada, uma vez que foi dado um forte enfoque ao relato preciso dos serviços da empresa para as empresas listadas.[10] Ao contrário de outros grupos profissionais, como a medicina ou o direito, não existem critérios fixos na área de "liderança" segundo os quais o trabalho deve ser realizado. O que se segue deve, portanto, mostrar como pode ser o trabalho profissional na área de liderança e por que ele pode ser de importância decisiva para a eficiência de uma empresa. Para tanto, é apresentado primeiro um esboço do conceito de profissionalismo do ponto de vista científico. Na segunda etapa, com base nisso, são derivados importantes princípios de profissionalismo no trabalho e, em particular, em uma tarefa de gestão.

---

[7] Kalkowski (2010, p. 5).
[8] Onpulson - Conhecimento para Gestores e Empreendedores (2015).
[9] Petrick e Scherer (2002, p. 37 e segs.).
[10] Coates (2007, p. 111 e segs.).

© Editora Publique Já 2021
Mike dos Santos, Princípios de Profissionalismo no Trabalho, Trabalho no século 21, ISBN 979-8-508-68812-7

3 O PROFISSIONALISMO – UMA APROXIMAÇÃO NORMATIVA

Se alguém quiser lidar com os princípios do profissionalismo na profissão no contexto da liderança ou da gestão, deve-se primeiro considerar quais abordagens heterogêneas de profissionalismo são possíveis. Como já foi mencionada no início, uma definição clara do termo "profissionalismo" não é possível.

> O termo alemão profissionalismo é justaposto aos termos ingleses "profissionalismo", "profissão", "profissionalização" e "profissionalidade", o que reflete apropriadamente a complexidade do assunto.[11] Portanto, a seguir, é feita uma tentativa de dar às definições desses termos, ou seja, uma estrutura orientada para o objetivo, que então representa a base para explicar as características básicas do profissionalismo relacionadas à gestão.

Este esboço do termo também influencia sua explicação do "profissionalismo", que corresponde à visão de Boyt, Lusch e Naylor:

---

[11] Nota: Os termos ingleses "profissionalização" e "profissão" não significam realmente profissionalismo, mas estão intimamente relacionados com o termo.

© Editora Publique Já 2021
Mike dos Santos, Princípios de Profissionalismo no Trabalho, Trabalho no século 21, ISBN 979-8-508-68812-7

O PROFISSIONALISMO – UMA APROXIMAÇÃO NORMATIVA

"Profissionalismo" é a percepção da entrada em vigor de um método de trabalho - influenciado pelo "profissionalismo" - que delineia os objetivos gerais da profissão em uma visão geral e reflete sua percepção e intenções, bem como seu nível de competência, status e especialização exigida.[12]

"Profissionalidade" Evans apresenta "Profissionalidade" como a atitude básica ideológica, valorativa, intelectual e científica de um indivíduo, que está relacionada ao exercício de sua profissão e influencia sua forma profissional de trabalhar.[13]

"Profissão" Evetts começa sua consideração com a profissão. Isso é para é um grupo profissional claramente delimitado que se caracteriza por um trabalho baseado no conhecimento que requer formação, formação especial e experiência profissional. Ela também entra no conceito de profissionalização. Este conceito descreve um processo pelo qual grupos profissionais passam para alcançar ou manter o status de uma profissão.

"Profissionalismo" Enquanto a profissão é descrita como institucional e a profissionalização como um processo, Evetts apresenta três diferentes interpretações do profissionalismo: profissionalismo como valor profissional, como ideologia ou como discurso entre mudança profissional e controle por meio da liderança.[14]

Essas interpretações devem ser vistas como um desenvolvimento histórico. Inicialmente, o profissionalismo foi visto como uma conquista social por sociólogos britânicos e americanos nas décadas de 1920 e 1930. Eles apresentaram isso como um valor profissional desejável que prometia colegialidade e apoio mútuo e representava relações de confiança entre o profissional e o cliente e o nível de gestão. Seguiu-se - nas décadas de 70 e 80 do século 20 - a interpretação bastante negativa do termo profissionalismo. Em contraste com a observação anterior, não foi atribuído nenhum valor social adicional. Em vez disso, era chamada de ideologia que servia apenas aos interesses próprios dos grupos

---

[12] Boyt et al. (2001, p. 322).
[13] Evans (2002, p. 6 f., 2008, p. 23 f.)
[14] Evetts (2008, pp. 97 f.)

profissionais. Ao criar seu próprio monopólio artificial, eles podiam controlar salários, status e poder em seu campo. A discussão atual descreve o profissionalismo como um discurso permanente entre especialistas e nível gerencial. Ao contrário das interpretações anteriores, esta se caracteriza pela padronização operada pela gestão. Esta padronização é realizada por caracteriza o uso de mecanismos de controle e responsabilização, bem como de estruturas hierárquicas orientadas para objetivos na tomada de decisões.[15]

Voltando à maneira de Evetts ver as coisas, em comparação com as observações de Evans, o último não faz uma distinção explícita do "profissionalismo", mas fala de duas formas típicas de profissionalismo: profissionalismo profissional e profissionalismo organizacional.[16]

O profissionalismo profissional representa uma visão mais tradicional da terminologia e resulta de um discurso que surgiu dentro de um grupo profissional definido. O profissionalismo organizacional, por outro lado, tenta garantir o profissionalismo "de cima". Isso é feito por meio da padronização e do uso de mecanismos de controle, responsabilidade, bem como estruturas hierárquicas orientadas a objetivos na tomada de decisões.[17] Um exame mais detalhado desses conceitos é realizado a seguir.

Além dessas formas ideais, existem inúmeras outras definições de várias áreas científicas (por exemplo, sociologia, pedagogia ou administração de empresas), que também são capazes de descrever o termo divergente. É perceptível, no entanto, que há um alto grau de convergência em uma afirmação:

> Independentemente da área para a qual procura respostas - científicas ou não - o profissionalismo está sempre associado ao "bom trabalho".

Este "bom trabalho" é definido pelo comportamento profissional e ações baseadas em um mecanismo social. Este mecanismo é garantido

---

[15] Evetts (2008, pp. 99 f.).
[16] Evetts (2008, pp. 98 e segs.).
[17] Evetts (2008, p. 102).

© Editora Publique Já 2021
Mike dos Santos, Princípios de Profissionalismo no Trabalho, Trabalho no século 21,
ISBN 979-8-508-68812-7

por um coletivo - que aqui representa a profissão ou profissão associada. Por exemplo, se você olhar para um médico especialista, a sua ação médica faz parte do seu campo profissional como profissional médico, que é regulamentado e organizado pelo coletivo da classe médica. Essas diretrizes não se destinam apenas a garantir o sucesso da prática, mas também a legitimar o campo profissional por meio de uma "vocação superior".

Além de médicos e advogados, também podem ser citados engenheiros, professores e docentes universitários neste contexto.[18]

É interessante que todas as expectativas comportamentais estão ligadas a uma profissão específica e, portanto, o profissionalismo não é um atributo geral, mas pode ser diferente individualmente.[19]

Além do trabalho específico, outras características também desempenham um papel no comportamento profissional:[20]

- Departamento e área temática
- Etiqueta na equipe
- Especificações do chefe
- Responsabilidade e posição do funcionário

É importante distinguir entre simplesmente pertencer a uma profissão e um comportamento profissional real. O conceito de profissionalização no sentido clássico não significa o processo de incorporação da conduta profissional, mas sim o ingresso na própria profissão e o processo de profissionalização das atividades manuais e/ou intelectuais, ou seja, o "profissional" exercer uma ocupação para viver.[21] (Um exemplo cativante aqui também é o jogador de futebol profissional.) Isso pode ser rastreado historicamente quando os princípios de trabalho e ethos começaram a ser estabelecidos e controlados por uma guilda central. Este tinha autoridade e monopólios de autoridade, bem como "ampla autonomia no que diz respeito à organização e regulação dos seus

---

[18] Schinkel e Noordregraaf (2011, p. 68).
[19] Kühl (2008, p. 11).
[20] Bíblia da Carreira (2015)
[21] F. A. Brockhaus (2005), palavra-chave "Professionel".

© Editora Publique Já 2021
Mike dos Santos, Princípios de Profissionalismo no Trabalho, Trabalho no século 21,
ISBN 979-8-508-68812-7

próprios interesses profissionais".[22] No entanto, nos dias de hoje, com um ambiente profissional liberal, essa conexão entre a existência ou a pertença a uma profissão clássica, por um lado, e a ação relacionada ao conteúdo de acordo com certos princípios, por outro, não deve mais ser considerada suficiente.

Agora se pode dizer que faria sentido usar a noção de profissionalismo relacionada à administração para o curso posterior do tratado como uma combinação das explicações dadas. Doravante uma tentativa é feita, portanto, para apresentar a perspectiva profissional e organizacional sobre o profissionalismo. Além disso, é explicado em que medida a profissão do gerente é semelhante a outras "profissões" e que conclusões podem ser tiradas disso.

---

[22] Traue (2010, p. 5).

4 PROFISSIONALISMO PROFISSIONAL

O tipo ideal de profissionalismo profissional consiste, segundo Evetts, em um discurso que surge ou surgiu dentro de um grupo ocupacional profissional. É por isso que o profissionalismo profissional se baseia na autonomia dos atores envolvidos, que lhes permite tomar decisões independentes e fazer julgamentos não convencionais. Essa autonomia é assegurada por diretrizes como a ética profissional, que são administradas por associações ou instituições, e garantem a confiança na profissão tanto de clientes quanto de empregadores. Além disso, o profissionalismo profissional depende da competência técnica que é garantida pela formação profissional e formação contínua.[23]

Elementos de profissionalismo profissional também podem ser encontrados em Mastrangelo et al. quem novamente fala de "liderança pessoal". Inclui o comportamento que os administradores profissionais devem apresentar no desempenho das suas funções e atribuições. A liderança pessoal consiste nos elementos: expertise, confiança, cuidado, compartilhamento e moralidade.[24]

Experiência pessoal pode ser equiparada à competência profissional

---

[23] Evetts (2008, p. 102).
[24] Nota: O tema da moralidade é discutido na seção "Gestão e liderança como profissional? Uma comparação com outras áreas profissionais".

de acordo com Evetts e, de acordo com Mastrangelo et al., é uma das qualidades mais importantes de um líder eficaz. Ele não apenas garante que os funcionários sejam vistos de maneira positiva, mas também mantém o poder. Essa base de poder surge da lealdade ao superior e, no caso mais extremo, até mesmo leva à admiração. Funcionários com experiência na administração de sua organização de confiança estão mais dispostos a colaborar com seus superiores.[25]

Mastrangelo et al. mencionam a confiança como um elemento crucial da liderança. A honestidade, a franqueza e a confiabilidade de um gerente são medidas de construção de confiança que formam a base para uma relação de trabalho com sucesso. Empatia, educação e escuta ao colaborador também são fatores importantes que possibilitam um comportamento coletivo e sistemático de cuidado mútuo. Somente quando existe uma relação de confiança suficiente, e os funcionários têm a sensação de que suas ideias e necessidades são percebidas como parte da empresa, é que a organização segue sua liderança.[26]

Mas se você pensar no exemplo do médico e se perguntar sobre a competência, os paralelos se abrem. Sua competência profissional pode ser aprendida por meio da educação e do treinamento e, portanto, é semelhante aos grupos profissionais de advogados ou engenheiros. Mas como definir essa competência técnica? A competência profissional reúne características, talentos e conhecimentos necessários em determinadas situações para atender às demandas do dia a dia profissional. Como resultado, a experiência é fundamental para qualquer tipo de gerente. Eles devem estar à altura dos desafios diários e, ao mesmo tempo, servir de modelo para seus funcionários.[27] Esta função de modelo é uma das principais tarefas de um gerente. Kouzes e Posner descobriram já em 1987 que um gerente pode guiar as pessoas ao seu redor por meio de seu próprio tipo de liderança – e, portanto, por meio de sua função de orientação e modelo – para ter sucesso.[28]

---

[25] Mastrangelo et al. (2004, p. 440 f.).
[26] Mastrangelo et al. (2004, p. 440 f.).
[27] Bass (2008, p. 109).
[28] Kouzes e Posner (2003, p. 3).

© Editora Publique Já 2021
Mike dos Santos, Princípios de Profissionalismo no Trabalho, Trabalho no século 21, ISBN 979-8-508-68812-7

PROFISSIONALISMO PROFISSIONAL

Um dos atributos mais importantes da liderança profissional é a correspondência entre a autoimagem e a imagem dos outros no que diz respeito à competência profissional. Somente se os outros membros de um grupo forem de opinião que uma pessoa possui as qualificações profissionais necessárias é que essa pessoa pode liderar o grupo com sucesso. Se for o contrário e apenas o líder do grupo se considerar qualificado, sua liderança ou é ineficaz desde o início ou sua liderança nem mesmo é aceita pelo grupo. A contribuição profissional da equipe ou do líder do grupo, portanto, determina em grande parte o sucesso de um grupo. Um exemplo de uma década este é liderado por Bass. A expertise já desempenhou papel decisivo na corrida ao Pólo Sul. Devido ao planejamento e equipamento insuficientes, a equipe de Robert F. Scott perdeu a corrida e não sobreviveu à viagem de volta. Enquanto o aventureiro e experiente especialista em pólos Roald Amundsen se preparou para todas as eventualidades, alcançou o Pólo Sul com sucesso e voltou.[29]

Resumindo, pode-se dizer que o conhecimento especializado e bem desenvolvido não significa necessariamente qualidade de liderança, mas sim que essa qualificação especializada é essencial para a liderança profissional. No caso de chefes de departamento na média gerência, em particular, a competência profissional tem um forte efeito no sucesso da gestão. A falta de experiência de um chefe ou gerente dificulta a postura dos funcionários e os impede de cumprir suas tarefas. A eterna disputa entre engenheiros e funcionários de negócios pode ser citada como exemplo. Muitas vezes, os dois grupos não se comunicam "na mesma língua", pois têm formações técnicas distintas, o que exige que o gestor tenha competências de mediação, tradução e comunicação.

---

[29] Bass (2008, p. 108).

© Editora Publique Já 2021
Mike dos Santos, Princípios de Profissionalismo no Trabalho, Trabalho no século 21,
ISBN 979-8-508-68812-7

5 PROFISSIONALISMO ORGANIZACIONAL

Segundo Evetts, o tipo ideal de profissionalismo organizacional é um debate sobre o controle que é conduzido principalmente pela gestão de uma organização. Ao contrário do profissional, o profissionalismo organizacional não se desenvolve a partir da profissão, mas é imposto "de cima" a ela. Assegura o enquadramento jurídico da gestão e configura estruturas hierárquicas que regulam as responsabilidades e os poderes de decisão. O foco principal está na padronização de processos e na introdução de sistemas de controle. A manutenção e regulação do profissionalismo organizacional ocorrem na prática por meio de avaliações de desempenho e controle de metas pela administração.[1]

Mastrangelo et al. abordam este tema em sua descrição de "liderança profissional", que é composta por orientação, estrutura de processos e coordenação. O foco da liderança profissional está no nível organizacional e inclui a parte formal da liderança.[2] Isso inclui o estabelecimento de uma visão ou modelo para a empresa, a criação de processos e o uso de métodos de gestão para atingir metas. Além disso, processos, procedimentos, funcionários e infraestrutura devem ser coordenados para atingir as metas.

Uma orientação geral é um dos elementos centrais da liderança a fim de definir um objetivo comum e unir os membros da organização neste. Como as organizações são sistemas cooperativos e coordenados, esse objetivo garante orientação e eficácia e constitui o núcleo do sucesso. Na prática, visões e modelos são frequentemente usados para este e usa filosofias que combinam benefício individual com alinhamento efetivo de metas para a empresa.[3]

A introdução de uma estrutura de processos sistemática é essencial para o alinhamento de sucesso da empresa. O design de processos eficaz é caracterizado pela participação, melhoria contínua e orientação para os objetivos organizacionais. Se esses três componentes forem garantidos pela liderança, a disposição dos funcionários em cooperar aumenta. A gestão profissional também deve ser caracterizada por uma coordenação eficaz em todos os níveis da empresa, o que deve permitir que a organização funcione bem. Com o uso eficiente do homem e da máquina, os problemas podem ser eliminados em um estágio inicial e, ao mesmo tempo, é possível aumentar a satisfação no trabalho.[4]

Resumindo, os funcionários estarão mais dispostos a cooperar com a administração se tiverem a sensação de que seu trabalho está estrategicamente alinhado com a visão e a declaração de missão da organização.[5]

Existem muitos exemplos de pessoas com excelente formação técnica em cargos de gestão que - devido à falta de conhecimento gerencial e metodológico - apenas alcançam controle subótimo de sua organização. Um gerente deve - além da qualificação específica do campo de atividade que supervisiona na organização - também ter a capacidade de liderar. Essa habilidade pode ser aprendida tanto quanto a qualificação técnica.[6º] Olhando para organizações como a igreja ou organizações eclesiásticas, a falta de ferramentas e habilidades de liderança se torna aparente. A Caritas se preocupa com o bem-estar em toda a Alemanha com seus mais de 500.000 funcionários, mas tem deficiências na gestão empresarial profissional devido à orientação puramente teológica de seus funcionários [7º] que, no entanto, representa grande parte do trabalho diário. Por outro lado, isso se deve ao fato de que os níveis de gestão superiores são recrutados com base no tempo de permanência na organização, e não com base nas habilidades de gestão necessárias.

Problemas semelhantes também podem ser observados no setor

© Editora Publique Já 2021
Mike dos Santos, Princípios de Profissionalismo no Trabalho, Trabalho no século 21,
ISBN 979-8-508-68812-7

privado, por exemplo, em pequenas e médias empresas familiares. Em organizações em crescimento, pode acontecer que o controle de um A organização não é realizada de forma otimizada devido à falta de um projeto de processo eficaz e alinhamento organizacional. Freqüentemente, há pessoas em uma posição de gestão que poderiam se virar com um pequeno número de funcionários, mas que agora podem estar sobrecarregadas devido à falta de conhecimento de negócios e habilidades de gestão.

É claro que nem todos os executivos são reprovados sem um curso formal de treinamento em gestão. Vez após vez, os chamados "Líderes Naturais", que conseguem administrar sem conhecimentos básicos de liderança, estão na discussão pública. Na ciência, as pessoas tendem a falar de pessoas que combinam vários atributos que são considerados relevantes para a liderança em sua personalidade.[8] Pode-se argumentar que "Líderes Naturais" por causa de suas habilidades naturais em liderança pessoal de acordo com Mastrangelo et al. têm vantagens significativas. Mas mesmo que não haja talento natural, essas habilidades centrais podem ser aprendidas. Isso pode ser feito por meio de treinamento formal, oportunidades de desenvolvimento relacionadas ao trabalho e outras medidas independentes de desenvolvimento.[9]

Em síntese, pode-se afirmar que o correto exercício da liderança profissional é necessário para o sucesso do relacionamento entre gestores e colaboradores. Como resultado, há uma maior disposição de trabalhar em conjunto pela causa comum por parte da força de trabalho. Os resultados do estudo de Mastrangelo et al. mas também mostrar que a liderança pessoal contribui significativamente para a disposição dos funcionários de cooperar. Isso dá aos funcionários a oportunidade de verificar a credibilidade do gerente. Mastrangelo et al. vá ainda mais longe e argumente que a qualidade da liderança pessoal tem uma influência decisiva na aceitação da liderança profissional pelos funcionários. Os funcionários desenvolvem confiança no profissionalismo da empresa quando os executivos demonstram um comportamento profissional. A partir disso, pode-se deduzir que para a liderança profissional é necessário atentar para os elementos da liderança pessoal. Só assim uma organização funcional, na qual todos os membros se unem, pode ser operada com sucesso.[10]

© Editora Publique Já 2021
Mike dos Santos, Princípios de Profissionalismo no Trabalho, Trabalho no século 21,
ISBN 979-8-508-68812-7

© Editora Publique Já 2021
Mike dos Santos, Princípios de Profissionalismo no Trabalho, Trabalho no século 21,
ISBN 979-8-508-68812-7

6 LIDERANÇA COMO PROFISSÃO E GARANTIA DE PROFISSIONALISMO – UMA COMPARAÇÃO COM OUTROS CAMPOS PROFISSIONAIS

Nas seções anteriores, foi repetidamente sugerido que o profissionalismo dos gerentes poderia ser baseado em várias outras profissões. Mas os fatos não são tão simples. Por exemplo, se você considerar a profissão de advogado nos Estados Unidos da América, o "Código Modelo de Responsabilidade Profissional da American Bar Association (ABA)" fornece informações sobre o significado da profissão desde o início.

O público deve ser protegido daqueles que são *não qualificado* ser advogados por causa de um *deficiência na educação ou padrões morais* ou de outros fatores relevantes, mas que, no entanto, procuram exercer a advocacia.[1]

A proteção da sociedade contra o exercício não qualificado da profissão de advogado, conforme descrito aqui, é inteiramente justificada. No entanto, a validade é concedida apenas para a área profissional específica do advogado e não deve ser transferida per se para qualquer liderança profissional. A profissão de advogado é um campo de atividade predefinido com base em normas jurídicas escritas.

LIDERANÇA COMO PROFISSÃO E GARANTIA DE PROFISSIONALISMO – UMA COMPARAÇÃO COM OUTROS CAMPOS PROFISSIONAIS

As qualificações, certificados e controlos representam mecanismos de garantia da qualidade que, para além do conhecimento específico do conteúdo, traduzem o enquadramento profissional relevante para a actuação na perspectiva das instituições formadoras.[2] Outros exemplos disso são todos os tipos de "profissões de graduação", como médicos, professores, cientistas e muitos outros. Em retrospectiva, não se pode necessariamente confiar que essas diretrizes de ação são respeitados, mas oferecem uma estrutura básica confiável que transmite uma atitude em relação ao respectivo profissionalismo. A competência técnica pode assim ser transmitida de forma particularmente eficaz; No entanto, isso é muito mais difícil com características pessoais. Os elementos de qualificação têm como objetivo assegurar que padrões e critérios uniformes sejam aplicados à qualidade do profissional e que estes também possam ser atendidos. Um engenheiro, arquiteto ou médico passa por um processo educacional com conteúdo didático padronizado, capaz de abranger bem os elementos técnicos. No entanto, seja no que se segue, a ação pessoal é vista como amplamente profissional, depende da comparação das expectativas estabelecidas no passado ou das relações com outros representantes da profissão com o comportamento atual de uma profissão específica a ser avaliada.

Parece mais complexo em campos ocupacionais em que não há qualificação uniforme. Aqui está o chamado "problema do charlatanismo", em que todos podem alegar que estão agindo profissionalmente e ao mesmo tempo negam isso aos outros. Por falta de critérios, esse dilema não pode ser resolvido, o que tem como consequência que não fica claro de fora quem pode acreditar e quem oferece o melhor e profissional serviço para si mesmo.[3] Este problema é particularmente encontrado em áreas de serviço como consultoria, supervisão e administração geral. Não há treinamento ou qualificação reconhecida centralmente para realizar a tarefa. Os resultados ou dados de desempenho podem ser medidos de uma forma, mesmo que não seja trivial, mas a avaliação do "como" permanece oculta e, portanto, inevitavelmente, também uma declaração sobre o profissionalismo potencial.

De acordo com McKinlay, existem duas maneiras de lidar com o problema do charlatanismo:[4º]

LIDERANÇA COMO PROFISSÃO E GARANTIA DE PROFISSIONALISMO – UMA COMPARAÇÃO COM OUTROS CAMPOS PROFISSIONAIS

- O mercado decide quem ganha. Não há controle.
- Normas são estabelecidas por associações profissionais para que o mercado seja fechado.[5]

De acordo com Traue, isso leva a uma "crise ou ameaça às profissões"[6], porque a auto-atribuição de profissionalismo altera a auto-administração das relações de trabalho e das formas de contrato nesses grupos profissionais. Isso também se deve ao fato de que os profissionais (prestadores de serviços) são sempre vistos como representantes de toda uma facção de classe e, portanto, também os representam perante terceiros.[7] No livro didático, presume-se que o profissionalismo é uma "rotulação social", que é realizada com base em reivindicações de competência ou subordinação. Daí o termo "competência de apresentação de competência"[8] usado como consequência deste problema de exibição incomensurável. Por ter essa competência é possível irradiar competência e profissionalismo para o mundo exterior. De acordo com Traue, esse fenômeno leva a uma nova compreensão do profissionalismo - o chamado profissionalismo de mercado, ou seja, a transmissão de conteúdo que é exigido externamente, mas não necessariamente profissional. Esta é caracterizada pelo fato de que, devido à extrema adaptação das ações e autodefinição ao mercado ("pressão de marketing"), os verdadeiros elementos centrais do comportamento profissional não são mais em primeiro lugar, mas sim elementos mediados pelo mercado.[9] O resultado é que esse profissionalismo de mercado não representa mais o profissionalismo clássico (mas exatamente o contrário), leva-o ao absurdo e, por isso, a certos grupos profissionais justamente esse profissionalismo deve ser negado.[10] Por isso, cada vez mais se tenta obter uma espécie de licenciamento de determinadas atividades, mediante a obtenção de mandato para cursos especiais de formação. Por um lado, esses mandatos servem para a defesa contra controles externos, introduzindo seus próprios padrões profissionais e, por outro lado, limitam o número de pessoas legitimadas para a respectiva área de responsabilidade.[11] A seguir, destacam-se alguns exemplos nos quais se pode observar o caminho para mais profissionalismo, ou possivelmente também mais habilidades de apresentação de competências.

© Editora Publique Já 2021
Mike dos Santos, Princípios de Profissionalismo no Trabalho, Trabalho no século 21,
ISBN 979-8-508-68812-7

LIDERANÇA COMO PROFISSÃO E GARANTIA DE PROFISSIONALISMO – UMA COMPARAÇÃO COM OUTROS CAMPOS PROFISSIONAIS

Na área de conselhos de supervisão na Alemanha, por exemplo, o Código Alemão de Governança Corporativa (DCGK) regula os requisitos existem para exercer uma atividade de conselho fiscal e quais as qualificações necessárias para tal.[12º] O objetivo é padronizar ao máximo o profissionalismo nesta área não regulamentada. Além disso, significa que os membros do conselho fiscal só podem cumprir a sua missão e cumprir a gestão em igualdade de condições se compreenderem os processos de negócio existentes e possuírem os conhecimentos mínimos necessários para poderem avaliar devidamente os processos relevantes.[13º] Embora estas formulações sejam bastante vagas, são um sinal de que está a ser considerada a qualificação e a viabilidade profissional das tarefas do conselho fiscal.

Ao olhar para a área de consultoria, Kieser e Groß veem uma mudança do profissionalismo clássico para um novo profissionalismo, que foca em todo o comportamento do trabalho e não se baseia em negócios, mas na atuação profissional em termos de conteúdo. Muito está sendo feito atualmente na área de garantia de níveis de qualificação a fim de quebrar os preconceitos que prevalecem contra o mercado inflacionário na indústria de consultoria. Kieser e Groß são da opinião que este desenvolvimento pode fortalecer de forma sustentável a confiança na qualidade do serviço de consultoria.[14]

No setor de serviços humanitários (como desenvolvimento e socorro em catástrofes), que por muito tempo foi realizado por funcionários semiqualificados, Roth analisou, por exemplo, que o crescimento global nesta área também está intimamente ligado a um aumento do profissionalismo. Isso poderia ser alcançado, acima de tudo, estabelecendo padrões, introduzindo graus universitários, novas medidas de formação e criando redes específicas. Além disso, foram desenvolvidas as competências-chave necessárias ao trabalho humanitário e cujo cumprimento deve ser garantido por meio das medidas acima. As competências-chave são geralmente entendidas como as habilidades que podem ser adquiridas, que são úteis para resolver certas tarefas e que ajudam a atender às necessidades individuais e sociais.[Dia 15] Isso significa que ter competências-chave está diretamente relacionado ao comportamento profissional. Especificamente, as seguintes habilidades foram identificadas como particularmente importantes neste exemplo: habilidades de negociação, Gestão de conflitos, entendimento político e monitoramento do cumprimento dos direitos humanos. Roth vê isso como um passo importante para o estabelecimento de uma profissão humanitária profissional, que é essencial em relação à aparência para financiadores e clientes.[16]

Os exemplos acima são representativos de muitas outras indústrias. Independentemente da orientação real do conteúdo de uma atividade, no entanto, existem estruturas hierárquicas em quase todos os lugares, que exigem tarefas de gerenciamento e as elevam a um canto central do discurso do profissionalismo. A profissão (ou melhor, a atividade) de gestão em si não pode ser entendida como profissão, pois não há formação padronizada nem requisitos para a mesma.[Dia 17] Segundo Kühl, a atividade de gestão evitou de forma independente qualquer forma de formação profissional.[18º] Como resultado, não existe uma definição central (no máximo um indivíduo) do profissionalismo de um gerente e, portanto, nenhum trabalho pode ser feito ou treinado nisso.

A liderança engloba um amplo espectro de tarefas, conhecimentos, ações e habilidades muito complexas que geralmente devem ser exercidas de uma maneira muito relacionada ao contexto. Visto que a liderança é necessária em (quase) todos os grupos profissionais e a promoção a uma posição de liderança geralmente ocorre apenas no decorrer de uma carreira, o treinamento uniforme para um status profissional fixo parece difícil.

No entanto, existem elementos de outras profissões com os quais a liderança deve aprender. Até mesmo a introdução ao Código de Advogados da American Bar Association dá uma indicação de como os executivos devem lidar com o assunto "Integridade e Padrões Éticos":

Manter a integridade e melhorar as competências da ordem para atender aos mais altos padrões é responsabilidade ética de todo advogado.[19]

Por exemplo, Kuhrana e Nohria vão tão longe que consideram sensata a introdução da administração como uma profissão real. No código de conduta que desenvolveram, o foco principal está no tratamento e no compromisso com as questões éticas. Do ponto de vista deles, não só melhora a percepção social dos gestores, mas também agrega valor para a sociedade.[20]

Já há algum tempo, as empresas se adornam com "Códigos de Conduta" específicos para cada empresa. Isso deve se tornar uma questão de rotina para todo gerente. As obrigações éticas decorrentes do código desempenham um papel no profissionalismo profissional (discrição, confiança) e organizacional (conformidade). Talvez a introdução da administração como profissão seja utópica, mas os princípios a seguir podem levar à garantia do comportamento profissional e, portanto, devem ser contados entre as principais características do profissionalismo. O guia a seguir, proposto por Kuhrana e Nohria, é importante para os gerentes em todos os níveis e deve constituir a base do comportamento profissional e ético.

1. Gestão sustentável da minha empresa / meu departamento: " Eu estou ciente de que a gestão da empresa / departamento consiste na combinação de uma multiplicidade de opiniões e interesses. Para conciliar esses interesses de forma adequada, procuro uma forma que melhore de forma sustentável o valor da minha empresa / departamento e, assim, também traga benefícios sociais com ela. Sei que isso nem sempre significa crescimento e preservação do estado atual, mas também pode incluir ações menos gratificantes como reestruturações, reviravoltas ou venda de ações, desde que apoiem a empresa. vale a pena preservar ou melhorar. "

2. Os interesses da empresa sempre vêm antes dos interesses privados: "Prometo que considerações de ganho privado nunca prejudicarão os interesses da empresa / departamento que lidero. Enquanto o interesse pessoal saudável é o motor vital do capitalismo, a ganância desenfreada pode fazer exatamente o oposto. Por isso, me oponho a decisões que beneficiem minhas próprias ambições, mas ao mesmo tempo causem danos à empresa e à sociedade associada. "

© Editora Publique Já 2021
Mike dos Santos, Princípios de Profissionalismo no Trabalho, Trabalho no século 21, ISBN 979-8-508-68812-7

3. Conformidade: "Prometo compreender e cumprir as leis e regulamentos e incluí-los no meu próprio código de conduta e no da minha empresa. Meu próprio comportamento deve ser sempre um exemplo de integridade, medido em relação aos valores pelos quais defendo e defendo. Eu zelo pela integridade dos outros e alerto-os quando alguém viola as diretrizes estabelecidas neste Código. "

4. Desenvolvimento e aplicação de conhecimentos especializados: "Administro a minha empresa / departamento de forma cuidadosa, consciente e atenta. Meu julgamento é baseado nos conhecimentos mais recentes. Além disso, procuro sempre estar aberto a novos conhecimentos e inovações e estarei disponível para aconselhar os colegas. Farei o meu melhor para continuar a me educar e passar meu conhecimento para a próxima geração de gerentes. "

5. Transparência: "Certifico-me de que o desempenho da empresa seja apresentado de forma transparente e precisa para todas as partes interessadas. Além disso, tento ilustrar o processo de tomada de decisão das pessoas envolvidas. "

6. Liberdade de tomada de decisão: "Minhas decisões não são influenciadas por gênero, raça, orientação sexual, religião, nacionalidade, filiação partidária ou status social. Eu também tento proteger os interesses daqueles que são incapazes de fazer isso por si próprios e que são afetados por minhas decisões. "

7. Cargo profissional: "Estou ciente de que o meu cargo e os privilégios que daí decorrem e que acompanham a minha profissão decorrem da confiança e do reconhecimento de toda a profissão. Portanto, estou ciente da responsabilidade de encarnar, proteger e desenvolver a profissão e sua posição social. "[21]

LIDERANÇA COMO PROFISSÃO E GARANTIA DE PROFISSIONALISMO – UMA COMPARAÇÃO COM OUTROS CAMPOS PROFISSIONAIS

Além disso, Berner e Kühl desenvolveram alguns princípios essenciais de profissionalismo com base em sua compreensão do dia a dia.

De acordo com Berner, esses princípios incluem: [22º]

- Decência e senso de dever
- Cumprimento dos compromissos firmados
- Relacionado vs. Eu gosto de ação
- Os valores por trás do profissionalismo
- Coragem para contradizer
- Tomar decisões não amadas
- Abster-se de hesitação

De acordo com Kühl, os princípios se relacionam a: [23]

- know-how relacionado a tarefas
- Inteligência
- Flexibilidade
- Auto-orientação para o lucro

Os princípios de Berner são mais voltados para possíveis demandas morais de comportamento profissional, enquanto os princípios de Kühl se concentram em requisitos gerais relacionados ao conteúdo. Certamente nenhuma das duas abordagens tem qualquer pretensão de validade ou completude absoluta, mas elas dão uma impressão de quais propriedades poderiam ser importantes a esse respeito. A seguir, nos concentraremos no profissionalismo dos executivos das empresas, ou seja, dos gestores, visto que a literatura não apresenta padrões estabelecidos para isso.

7 PRINCÍPIOS E RECOMENDAÇÕES PARA AÇÃO DE PROFISSIONALISMO EM CARGOS DE GESTÃO

Agora deve ser resumido o que profissionalismo significa não apenas em um trabalho em geral, mas também especificamente em um cargo de gestão. Existe uma distinção entre os requisitos profissionais entre funcionários e gerentes ou existe uma base mais geral e comum?

Ocasionalmente, durante nossa revisão da literatura, nenhuma distinção clara pôde ser encontrada entre os vários níveis hierárquicos, de modo que os princípios do profissionalismo no trabalho lidam com a seguinte definição de profissionalismo ou ação profissional: o confronto consciente com o que um indivíduo (neste caso Por exemplo, é necessário um chefe de departamento que esteja comprometido com a eficácia da organização e com a integração de outros indivíduos (neste caso, o funcionário) na organização.[1] Em nossa opinião, porém, deve-se considerar se esses princípios não requerem diferentes graus de aplicação no que diz respeito à atuação profissional do respectivo ator - dependendo de sua posição na hierarquia. Na prática, por exemplo, a relação hierárquica entre médico sênior e médico pode ser usada aqui. Os princípios definidos a seguir resultam de uma comparação e síntese dos resultados da nossa revisão da literatura, que conduziu ao desenvolvimento geral da terminologia do profissionalismo e da ação profissional na profissão. Às vezes, aspectos eram retirados da compreensão do profissionalismo em outros grupos profissionais sem referência direta à liderança, mas com base em padrões como médicos ou advogados.

Princípio 1: Manter um determinado status de especialista ou uma consciência de aproveitar o conhecimento especializado

Trabalhar profissionalmente também significa saber do que não sou capaz ou do que não sou.

pelo que os outros são responsáveis ou para os quais são mais adequados (Herwig-Lempp, J. 1997).

Uma parte importante do profissionalismo no trabalho é a obtenção de um determinado status de especialista ou a consciência de que o conhecimento especializado deve ser usado, caso não esteja disponível na situação atual. Como a Meuser descreve, pode haver ação profissional fora das profissões, mas não independentemente do conhecimento especializado.[2] O profissionalismo é garantido quer pelo saber perito do ator, neste caso pelo saber do gestor, quer pelo facto de o saber pericial ser sistematicamente utilizado de outra forma. Hoje em dia, isso geralmente é obtido por meio de consultores. O conhecimento especializado inexistente é adquirido, por assim dizer.

Agir profissionalmente no trabalho, portanto, passa também por conhecer os limites da própria competência, porque ninguém "pode" tudo. É importante que esses limites não sejam apenas reconhecidos, mas também aceitos.[3]

É amplamente sabido que nem todos os problemas que surgem na vida profissional cotidiana podem ser resolvidos - enfrentamos o desafio de decidir quais tarefas podem ser processadas e resolvidas por si mesmo e quais não. O comportamento profissional neste contexto também se reflete no fato de o gestor reconhecer quando os funcionários e colegas não conseguem resolver a tarefa em mãos e, portanto, precisam de suporte externo.[4]

A disponibilidade de conhecimentos especializados - sejam eles próprios ou de terceiros - é, neste momento, um dos critérios decisivos

© Editora Publique Já 2021
Mike dos Santos, Princípios de Profissionalismo no Trabalho, Trabalho no século 21,
ISBN 979-8-508-68812-7

para alcançar o profissionalismo no seu trabalho.

Princípio 2: Construindo conhecimento baseado na experiência

Nada é mais prático do que uma boa teoria.

Por conhecimento empírico, queremos dizer que o conhecimento teórico e prático explícito [5] bem como o conhecimento implícito [6] ser organizado e estruturado de forma que a realização dos objetivos da atividade ou do trabalho seja amplamente otimizada.[7] Há, portanto, uma conexão entre os componentes cognitivo-científicos e relacionados à prática com o objetivo de aplicar o conhecimento sistemático para resolver problemas práticos. O know-how é um componente importante da ação profissional. Em princípio, é importante em todos os processos de trabalho. Ele desempenha o papel mais importante em situações que uma. são caracterizados por uma gama incompleta de informações, em situações que não são transparentes ou previsíveis, mas também em situações que exigem decisões rápidas sem pensar muito (por exemplo, em situações de crise).[8]

Para garantir comportamento profissional e profissionalismo em

A profissão deve ser sempre perseguida a meta, o existente coletado

Usar o conhecimento empírico de forma que seja complementado com o desenvolvido analiticamente

Abordagens e uma abordagem sistemática para resolução de problemas.[9]

Princípio 3: Manter uma certa autonomia

Faça o que você acha que é certo!

Manter um certo grau de autonomia também é um aspecto da ação profissional. Mas o que significa o termo "autonomia"? De acordo com o Duden, autonomia descreve a independência administrativa ou independência.[10]

PRINCÍPIOS E RECOMENDAÇÕES PARA AÇÃO DE PROFISSIONALISMO EM CARGOS DE GESTÃO

Na discussão até agora, o profissionalismo sempre foi visto como amplamente independente de hierarquias, autoridades e comando burocrático. Surpreendentemente, isso acontece embora a maioria das pessoas em cargos de gestão esteja envolvida em estruturas de comando e dependência em organizações hierárquicas. Mas essas pessoas sempre mantêm um certa autonomia (relativa). Por que isso está acontecendo? Essa autonomia é um argumento de venda único para o profissionalismo no trabalho.[11] Aqui, a competência do especialista não só distingue o especialista do leigo em um nível individual, mas também de outros grupos profissionais e dos clientes. Nesse caso, manter uma certa autonomia visa manter e manter a independência da sociedade com base de conhecimento próprio.[12º] Como parte dessa autonomia, você também pode gerar seus próprios padrões de trabalho para avaliação de desempenho e controle. Isso garante que você possa assumir total responsabilidade por seu próprio trabalho [13º] para permanecer firme e apegar-se a suas decisões, mesmo quando criticado.

Princípio 4: prontidão para a aprendizagem ao longo da vida

Meios profissionais: atualizado em termos de conhecimento especializado (Herwig-Lempp, J. 1997).

Um pré-requisito decisivo para o profissionalismo é a aprendizagem ao longo da vida, ou seja, a vontade e a capacidade de adquirir constantemente novos conhecimentos, para estar sempre atualizado. Hoje em dia, a aprendizagem ao longo da vida no trabalho é quase indispensável.

O chamado elemento inovador de ação é freqüentemente de importância central. Segundo a Meuser, este critério descreve as ações dos profissionais da respetiva área de especialização. As ações devem ter as seguintes características: bem fundamentadas, ideais e ao mesmo tempo no estado atual da pesquisa. Um exemplo frequente aqui são os médicos que regularmente têm de cumprir os requisitos de formação contínua da sua profissão.[14]

A capacidade de adaptação na vida profissional às vezes também se refere à capacidade mental de se adaptar rapidamente às novas exigências e condições de uma situação. O pré-requisito para este aspecto é estar aberto às várias mudanças e ter características como adaptabilidade e vontade de mudar. "Só quem muda vai sobreviver na vida profissional e progredir profissionalmente Adiante."[Dia 15] No entanto, o conhecimento especializado e os princípios profissionais não estão disponíveis. Mesmo o cliente não pode aceitá-los. A autonomia possibilita ao profissional manter seus princípios profissionais.

Princípio 5: Manter uma certa humanidade

Profissionalmente significa perguntar: por quem estou fazendo isso? (Herwig-Lempp, J. 1997).

Um dos componentes mais importantes do profissionalismo em um trabalho é certamente manter uma certa humanidade. A gestão profissional hoje depende do reconhecimento mútuo e da confiança de duas maneiras. A ação profissional não pode ser exercida por um indivíduo que está sozinho. O reconhecimento da posição do gerente também ilustra, por exemplo, a divisão do trabalho e, portanto, a justificativa dessa posição na interação dos vários atores profissionais. O trabalho profissional, portanto, só pode ser visto como um esforço coletivo.

Um pré-requisito central para a gestão de especialistas profissionais, em particular, é a competência para ser capaz de avaliar esse profissionalismo. Portanto, deve ser possível fazer afirmações sobre se o desempenho e o comportamento de determinados funcionários são direcionados e estão de acordo com os valores.[16]

Por outro lado, o gestor, embora vice-versa, depende da confiança e competência, bem como da atuação adequada dos especialistas.[Dia 17] Portanto, é importante alcançar e manter uma relação de confiança entre gestores e especialistas.[18º] Para poder concretizar esta relação de confiança e autoridade ao mesmo tempo, é fundamental que os colaboradores tratem o assunto sempre com empatia, mas com certeza.

© Editora Publique Já 2021
Mike dos Santos, Princípios de Profissionalismo no Trabalho, Trabalho no século 21, ISBN 979-8-508-68812-7

8 CONCLUSÃO

O objetivo do presente trabalho foi estabelecer princípios de profissionalismo no trabalho ou encontrar formas de influenciar e assegurar a ação profissional. Antes que esse empreendimento pudesse começar, um entendimento comum de profissionalismo, ação profissional e uma demarcação para profissionalização teve que ser feito. Na linguagem atual, o termo "profissionalismo" ou "profissional" é freqüentemente usado. As expectativas são basicamente as mesmas. Espera-se expertise e pressupõe-se que esses profissionais estejam atualizados com seu trabalho, sejam capazes de dominá-los, trabalhem com rapidez e tranquilidade e possam explicar o que e por que estão fazendo algo e, acima de tudo, que sejam responsáveis pelo seu trabalho. O profissionalismo da liderança deve ser tão confiável. Por exemplo, um gerente que tem habilidades de comunicação fracas e ao mesmo tempo se orgulha de não precisar de treinamento em comunicação está agindo de forma não profissional de acordo com esta definição.

Basicamente, o profissionalismo é uma competência pessoal que existe independentemente de hierarquias, autoridades ou comando burocrático. É também um fenômeno gradual. O ator é responsável pela medida em que atua profissionalmente, mesmo que as profissões estejam cada vez mais tentando estabelecer padrões e qualificações uniformes. É determinado pela vontade e habilidade do ator específico. No entanto, isso só pode ser avaliado por meio da interação com outros atores.

CONCLUSÃO

Aplicado especificamente ao aspecto da liderança, um entendimento profissional uniforme da liderança é tanto mais necessário quanto menos a liderança estiver estruturalmente ancorada, ou seja, quanto menos níveis hierárquicos houver entre eles e mais encargos para os executivos.

Para garantir o profissionalismo ou para promover o comportamento profissional, os gestores devem motivar-se, mas especialmente também os seus colaboradores, a agir de acordo com estes princípios. A ação profissional pode representar um ponto de venda único em comparação com a concorrência. Hoje em dia os clientes exigem profissionalismo e não têm medo de mudar para a concorrência se as suas expectativas forem frustradas. Isso afeta a reputação de toda a empresa com as consequências negativas de longo prazo correspondentes.

Os cinco princípios previamente definidos - estatuto de especialista, conhecimento empírico, autonomia, flexibilidade e humanidade - resumem-se a seguir em três recomendações específicas de ação com o objetivo de simplificação. É importante que os aspectos dos princípios da atuação profissional sejam internalizados e não apenas falsificados externamente, conforme descrito por Pfadenhauer..

© Editora Publique Já 2021
Mike dos Santos, Princípios de Profissionalismo no Trabalho, Trabalho no século 21,
ISBN 979-8-508-68812-7

9 O QUE VOCÊ PODE TIRAR DESTE GUIA

- Desenvolvimento e manutenção do conhecimento profissional.
Não deixe que seus conhecimentos e habilidades se tornem obsoletos. Eduque-se. Expanda o seu conhecimento – seja acadêmico, experiência ou conhecimento geral. Assuma o compromisso de construir know-how adicional e se manter atualizado em seu setor. Receba *feedback* sobre o seu trabalho para se desenvolver continuamente.
- Desenvolvimento da inteligência emocional e incorporação da integridade.
Ser capaz de dar aos seus clientes e colaboradores aquilo de que necessitam, porque sabe perceber, compreender e influenciar corretamente os seus próprios sentimentos, bem como os dos outros. Isso inclui escuta ativa e a observação de seus arredores. Para desenvolver ainda mais as habilidades sociais, também é necessário obter *feedback* sobre o próprio trabalho. Além disso, ir em frente e seguir os princípios morais e éticos constitui a base para uma relação de confiança e para a função de modelo próprio.
- Confiabilidade, senso de responsabilidade e boa preparação.
Ser confiável. Quando você fizer uma promessa a seu chefe, colega ou cliente, cumpra-a. Assuma a responsabilidade por suas tarefas e decisões. Não procure desculpas e concentre-se em atender às expectativas - especialmente com os clientes. Seja amigável, educado e tenha boas maneiras com todos. Esteja

© Editora Publique Já 2021
Mike dos Santos, Princípios de Profissionalismo no Trabalho, Trabalho no século 21,
ISBN 979-8-508-68812-7

O QUE VOCÊ PODE TIRAR DESTE GUIA

preparado. Planejar com antecedência. Concentre-se em melhorar suas habilidades de planejamento e gerenciamento de tempo.

© Editora Publique Já 2021
Mike dos Santos, Princípios de Profissionalismo no Trabalho, Trabalho no século 21,
ISBN 979-8-508-68812-7

10 REFERÊNCIAS

American Bar Association, *Código de Profissional Modelo da American Bar Association Responsabilidade*, Chicago, 1980.

American Medical Association, *Código de Ética Médica*, Nova York 1847.

Bass, B.; Bass, R., *The Bass Handbook of Leadership - Theory, Research and Implicações gerenciais*, 4° Edição, Nova York. 2008.

Berner, W., *Léxico de gestão da mudança*, O conselho de implementação - Winfried Berner e Parceiro. 2004.

Blank, W., *As 108 habilidades de líderes natos*, New York 2001.

Boyt, TE, Lusch, RF e Naylor, G., O papel do profissionalismo na determinação da satisfação no trabalho em serviços profissionais: um estudo de pesquisadores de marketing. No: *Diário de Pesquisa de Serviço*, Vol. 3 (4), pp. 321-330. 2001.

Böhle, F., Conhecimento baseado na experiência e subjetivação da ação - lados ocultos da ação profissional, in: Busse, S; Ehmer, S. (Ed.), *Nós sabemos o que estamos fazendo?: Ação consultiva em supervisão e coaching (pesquisa consultiva interdisciplinar)*, Göttingen. 2010, pp. 36–54.

Caritas, milhões de ajuda, em: http://www.caritas.de/diecaritas/wofuerwirste-galinha/um milhão de vezes ajuda 2014. (Estava em pé: 15/03/2015).

Ciulla, JB., *Ética, o Coração da Liderança*, 3 Aproximadamente Edição, Santa Bárbara 2014.

© Editora Publique Já 2021
Mike dos Santos, Princípios de Profissionalismo no Trabalho, Trabalho no século 21,
ISBN 979-8-508-68812-7

REFERÊNCIAS

Coates, JC.: The Goals and Promise of the Sarbanes-Oxley Act. No: *The Journal of Perspectivas Econômicas*, Vol. 21, No. 1, pp. 91-116. 2007.

Evans, L., *Prática reflexiva em pesquisa educacional: desenvolvendo habilidades avançadas*, Londres 2002.

Evans, L., Profissionalismo, Profissionalidade e o Desenvolvimento de Profissionais da Educação. No: *British Journal of Educational Studies*, Vol. 56, Edição 1, pp. 20-38. 2010.

Evetts, J., Professionalism through Management? Novas formas de profissionalismo e seus efeitos na atuação profissional. No: *Journal of Social Pesquisa Política*, Edição 1, 2008, pp. 96-107.

FA Brockhaus, *Enciclopédia Brockhaus* (21. Edição). Leipzig. 2005.

Fox, CJ., O que queremos dizer quando dizemos "profissionalismo?" Uma análise do uso da linguagem para a administração pública. No: *American Review of Public Administration*, Vol. 2, No. 1, 1992, pp. 1-17.

Hacker, W., *Os especialistas podem. Reconhecer e transmitir*, Göttingen 1992. DOI 10.1007 / 978-3-658-14921-5

Herwig-Lempp, J., "Is social work a job?" - Contribuição para uma discussão realmente supérflua, em: *Revista social*, Vol. 2, 1997, pp. 16-26.

Kalkowski, P., documento de trabalho para esclarecer os termos "profissionalismo e profissionalização" no grupo focal 1: *"Profissionalidade e profissionalismo"* em Estrutura do programa de financiamento do BMBF *"Qualidade do serviço por meio do trabalho profissional"*, Göttingen 2010.

Bíblia da Carreira, *Bíblia da carreira*, 2015. acessado em 01.03.2015 de http://karrierebibel.de/profissional-aparência-base-para-carreira-e-sucesso/

Kieser, A.; Groß, C., Are Consultants Moving Towards Professionalization?, Em EG Limited (Ed.), *Pesquisa em Sociologia das Organizações*, Volume 24, Firmas de serviços profissionais, pp. 69-100. 2006.

Kouzes, JM; Posner, BZ., *O Guia do Administrador Acadêmico Jossey-Bass para Liderança exemplar*, San Francisco 2003.

Kölsch, M., *Competência integrativa - profissionalização baseada na experiência*, St. Gallen: University of St. Gallen, 2011.

REFERÊNCIAS

Kuhrana, R.; Nohria, N., É hora de fazer da gestão uma verdadeira profissão. No *Harvard Business Review*, 10/2008, pp. 70-77. 2008.

Kurtz, T. (2005), Professional Action and New Knowledge Professions, em: Pfadenhauer, M. (Ed.), *Ação profissional*, Wiesbaden 2005, pp. 243-252.

Kurtz, T.; Pfadenhauer, M. Sociologia da Competência. Wiesbaden: Springer. 2010.

Kühl, S., The Professionalization of Professionalisers? O problema do charlatanismo no coaching e supervisão e os conflitos na formação profissional. No: *Consultoria organizacional - supervisão - coaching*, Jg. 15, edição 3, 2008, pp. 260-294.

Lung, H., The Modern Executive - The Unknown Being, em: *Boletim de Notícias, Fórum Econômico Europeu e. V.*, Berlim 2012.

Mastrangelo A.; Eddy, E.; Lorenzet, S., A importância da liderança pessoal e profissional. No: *Jornal de desenvolvimento de liderança e organização*, Vol. 25, exemplar 5, pp. 435-451. 2004.

McKinlay, JB., Clients and Organizations, em: Ders. (Ed), *Processando pessoas. Casos em comportamento organizacional*, London et al., Holt, Rinehart, Winston, pp. 339-378. 1973.

Meuser, M., Agting Professionally Without a Profession? Uma reconstrução conceitual, em: Pfadenhauer, M. (Ed.), *Ação profissional*, Wiesbaden 2005, pp. 253-264.

Meyer, R., Professionalization and Professionalism for Activities in Vocational Training, in: Büchter, K., *Enciclopédia de Educação Online*, Chrismheim, Munique 2010.

Onpulson - conhecimento para gestores e empresários, *Onpulson*, 2015. acessado em 01.03.2015 de http://www.onpulson.de/lexikon/professionalitaet/

Orth, H., Key Qualifications at German Universities - Concepts, Viewpoints, Perspectives, Neuwied: Luchterhand 1999.

Parks, SD, *A liderança pode ser ensinada: uma abordagem ousada para um mundo complexo*, Cambridge 2005.

Petrick, SIM; Scherer, RF, The Enron Scandal and the Neglect of Management Integrity Capacity. No: *American Journal of Business*, Vol. 18, edição 1, pp. 37-50. 2002.

Pfadenhauer, M., *Profissionalismo. Uma reconstrução sociológica do conhecimento da competência institucionalizada de representação de competência*, Opladen 2003.

REFERÊNCIAS

Pinnow, DF, *Liderança - o que realmente importa*, 6. Ed., Wiesbaden 2012.

Roth, S., Professionalization Trends and Inequality: experiências e práticas em ajuda relacionamentos, em: *Third World Quarterly*, Volume 33, Edição 8, 2012.

Schinkel, W.; Noordregraaf, M., Professionalism as Symbolic Capital: Materials for a Bourdieusian Theory of Professionalism. No: *Sociologia Comparada,* Vol. 10, 2011, pp. 67-96.

Schmid, B., The *abordagem sistêmica + Ao controle. Profissionalismo sistêmico.* isb GmbH, 2008.

Traue, B., *Profissionalismo de mercado - um novo padrão de cultura de profissionalismo em Novo capitalismo.* SSOAR - Open Access Repository 2010.

Vogt, K., Professionalisation of Supervisory Boards, em: *Livreto Betriebsberater,* Vol. 31, 2011, p. 1899.

Yukl, G., *Liderança em Organizações*, 7° Edição, New Jersey 2010.

© Editora Publique Já 2021
Mike dos Santos, Princípios de Profissionalismo no Trabalho, Trabalho no século 21,
ISBN 979-8-508-68812-7

REFERÊNCIAS

SOBRE O AUTOR

Insira o texto biográfico do autor aqui. Insira o texto biográfico do autor aqui

© Editora Publique Já 2021
Mike dos Santos, Princípios de Profissionalismo no Trabalho, Trabalho no século 21, ISBN 979-8-508-68812-7

www.ingramcontent.com/pod-product-compliance
Lightning Source LLC
Chambersburg PA
CBHW070841220526
45466CB00002B/845